LE DÉFENSEUR
DE LA
PHILOSOPHIE,
SATIRE.

LE DÉFENSEUR
DE LA
PHILOSOPHIE,
SATIRE.

LE DÉFENSEUR
DE LA PHILOSOPHIE,

OU

RÉPONSE A QUELQUES SATIRES

DIRIGÉES CONTRE LA FIN DU 18e SIÈCLE,

SATIRE;

Par un ami des Arts, des Lettres et des Mœurs.

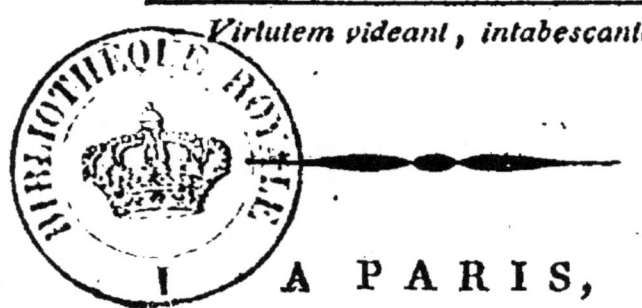

Virtutem videant, intabescantque relictâ,
                                    PERSE.

A PARIS,

CHEZ
- MOLLER, Imprimeur, maison des Filles-Saint-Thomas, en face la rue Vivienne;
- A son Dépôt de Nouveautés, Palais-Egalité, galerie de la République, vis-à-vis le café du Théâtre;
- DESENNE, Lib., même Palais, galerie de pierre.

AN VIII.

AVERTISSEMENT.

La défense, lorsqu'on est attaqué, est de droit naturel; l'auteur de cette satire l'a été dans toutes celles qui viennent de paraître chez Moller, et qui sont dirigées contre la philosophie et la fin du 18e siècle. Il se défend : pourrait-on lui en faire un crime ? Il se serait tû cependant, si l'on n'avait attaqué que lui ; mais insulter grossièrement ce qu'il y a de plus sacré sur la terre, la philosophie! Quoiqu'il déteste la satire, il n'a pu contenir son indignation. L'auteur ne signe point cet écrit, mais par d'autres raisons que ses agresseurs. Il tient de la confiance du gouvernement une place honorable, qui ne permet pas que son nom soit traîné dans les halles de la littérature ; il n'est d'ailleurs amoureux d'aucune espèce de renommée, il ne prétend à aucune sorte de récompense; et tel que les vieux chevaliers qui allaient autrefois en champ clos combattre pour l'honneur de leur dame, et qui, la visière de leur casque toujours baissée, sortaient de l'arène, heureux d'avoir satisfait à leur devoir, fût-il même vaincu, il s'honorera toujours de sa *noble entreprise*.

LE DÉFENSEUR
DE LA PHILOSOPHIE;
SATIRE.

QUE Jean-Jacques Rousseau, misantrope sublime,
Si digne de pitié, mais plus digne d'estime,
A la philosophie insulte avec fierté :
Rousseau fut malheureux, il fut persécuté.
Lorsque d'un fiel brûlant son ame est enivrée,
C'est un maître qui gronde et qui bat sa livrée :
Je l'admire et le plains. Mais qu'un jeune rimeur
Ose de son talent nous donner la primeur,
En détrônant les arts et la *philosophie*,
Source de tous les biens, que mon cœur déifie,
J'éprouve du courroux l'ardent avant-coureur,
Et mon sang, malgré moi, bouillonne de fureur.

UN rimeur! qu'ai-je dit? J'en vois des fourmillières,
Qui, s'armant du crayon des Boileau, des Molières,
Pour peindre tour-à-tour nos vices, nos travers,
Font de grands vers en prose et de la prose en vers.

Le siècle, à les entendre, est à sa décadence;
La strophe de Lebrun est vide de cadence;
Et Chénier, froid et sec dans sa jeune saison,
A manqué de vigueur par excès de raison.
Lorsqu'ensuite il a peint, d'une main vigoureuse,
Dans toute sa laideur, la calomnie affreuse,
Les dards qu'il a lancés n'ont tombé que sur lui (1),
Et son cher Fénélon n'inspire que l'ennui.
Sous les traits de Monvel, lorsqu'il entre au théâtre,
En vain toute la France en parut idolâtre,
Ce vertueux prélat, quoique tendre et disert,
Comme un autre Cotin, prêche dans le désert.
L'énergique Ducis à peine a du génie,
Et Saint-Pierre n'a fait que Paul et Virginie.
Legouvé n'a point d'ame, il n'a que de grands mots
Qui d'un savant lycée enchantent les grimauds.
Andrieux!... C'est en vain que son esprit les frappe;
Tous ses vers sont mauvais, il s'est moqué du pape:
Aux dépens de la cour il a ri quelquefois;
Son ton est détestable, il ne veut plus de rois;
Du nom de citoyen il veut que l'on s'honore (2).
Fontane est quelquefois une flûte sonore,
Piis, un flageolet dont les joyeux refreins
Veulent en vain atteindre aux fiers alexandrins;
Et le vers de Saint-Ange, ingénieux, mais vide,
Malgré son tour facile, est l'assassin d'Ovide.
Desorgue est un volcan, Vigée un papillon
Qui lourdement voltige à la cour d'Apollon.

François de Neufchâteau (3), dont j'aime le délire,
Ne fait pas mieux les vers qu'il n'apprend à les lire.
L'An deux mille est sans feu, sans verve, sans appas :
On insulte Mercier, que l'on ne comprend pas ;
On insulte Rétif, qu'on n'a pas daigné lire,
Et froidement on juge un sublime délire.

PARNI, digne rival du chevalier romain,
Sait au cœur des amans se frayer un chemin :
Mais sa Guerre des Dieux, son vrai titre à la gloire,
Doit le faire expulser du temple de Mémoire.
Les dévots l'ont maudit ; ils n'ont pas voulu voir
Que plaire, d'un poète est le premier devoir ;
Et que dans leur humeur, aux grâces indocile,
Ils ont de l'Institut fait un pieux concile,
Et transformé le Pinde en triste Sanhédrin.

LA peinture décline ! et nous avons Guérin,
Et nous avons David, le peintre des Horaces,
Et le doux Izabey, non moins doux que les Grâces.

ON voudrait que Talma fût l'égal de Lekain ;
Et Talma dans Néron, Baptiste dans Lucain,
De ces messieurs à peine obtiennent le suffrage :
A l'âge qui n'est plus on immole notre âge.

EH ! pourquoi de la sorte affliger le talent ?
De la rose autrefois le parfum s'exhalant,
A-t-il mieux chatouillé l'odorat de nos pères,
Qu'il ne fait aujourd'hui dans nos jardins prospères ?

L'étranger ananas eut-il plus de saveur?
Le tokai, le champagne, au cerveau du buveur,
Ont-ils plus promptement réveillé la saillie?
Croissait-il plus de fleurs aux bosquets d'Idalie,
De plus jaunes épis dans les vastes guérets?
Et les arbres enfin, monarques des forêts,
Etaient-ils plus puissans, plus verds et plus robustes?
Dans nos bois aujourd'hui n'est-il que des arbustes?

Qui donc faut-il louer? Est-ce monsieur Pillet (4)?
Comme, de la satire aiguisant le stilet,
Il raille finement! Comme il perce avec grace
Tant de pauvres rimeurs qu'eût épargnés Horace!
Sous les traits imprévus de cet auteur hardi,
Voyez Lebrun-Tossa tomber tout assourdi.
Il est vrai qu'il se cache, à peine on le soupçonne;
Dans sa longue revue, il n'est vu de personne.
Cet exemple est utile: il faut, comme Sinon,
Porter ses coups dans l'ombre et dérober son nom.

Faut-il louer Doigni (5), qui, chassé de la scène,
Vint s'immortaliser dans la Quotidienne,
Et qui là, sans pudeur, anonime à son tour,
De l'affreux despotisme invoquant le retour,
Y prêcha sourdement une sainte croisade,
En conspirateur lâche, en poète maussade;
Et qui, malgré sa rage à célébrer les rois,
Ne put même un instant faire entendre sa voix?

Ce ne fut point sa faute; il a de l'art, du style;
Il travaille avec goût le poison qu'il distille :
Mais ses drames tombés, mais ses drames reçus,
Grace à moi seulement pourront être apperçus.
Il serait ignoré, sans ma voix qui le nomme;
Tant la fatalité poursuivit ce grand-homme.

FAUT-IL louer Campagne (6), écrivain renommé,
Et qui dans la satire est sur-tout consommé;
Qui tonna sur les mœurs, qui fit Caton d'Utique;
Dont les vers constamment restent dans la boutique,
Mais qui, les produisant sur les murs de Paris,
Est, grace à l'afficheur, le roi des beaux-esprits?
Fantin des Odoarts (7), historien célèbre,
D'Hénault le président rival plus que funèbre,
Qui trempe ses pinceaux dans le fiel et les pleurs,
Pour couronner Louis de cyprès et de fleurs?...
Fantin des Odoarts est un nouveau Tacite :
Il n'est rien qu'il ignore, il n'est rien qu'il ne cite;
Dans ses œuvres sans fin il n'a rien oublié :
Anecdotes, bons-mots, il a tout publié;
Et grace aux cent journaux qu'il a mis sur l'enclume,
Il touche en ce moment au centième volume....
Jusqu'à moi, direz-vous, ils ne sont point venus,
Et vous rendez hommage à des dieux inconnus;
Laissez des Odoarts, Pillet, Doigni, Campagne;
Vous avez un peu l'air de battre la campagne :
Laissez les morts en paix, respectez les tombeaux.
Eh bien! vous l'ordonnez, voici d'autres tableaux.

De quelques nains obscurs j'ai tracé la peinture,
Passons aux dieux géans de la littérature.

Qu'en jugeant les auteurs Palissot est charmant!
Qu'il règne dans ses vers de goût et d'agrément!
Jamais il n'injurie; et Marmontel, Lemierre,
Tous deux appréciés de la même manière,
Donnent à ses couleurs le ton des camayeux.
Pour saisir les défauts, d'Argus il a les yeux;
Pour saisir les beautés il est un peu miope :
Mais comme dans le miel son venin s'enveloppe!
Comme dans ses tableaux, où rien n'est rembruni,
Tout a l'air élégant, doux, correct et fini!
Malgré la pureté du vers qu'il élabore,
Sa longue Dunciade est un peu longue encore;
Elle est froide et peu gaie, elle endort le lecteur;
Mais froideur, mais longueur, et sur-tout pesanteur,
Ont des charmes secrets dont la douceur l'attire.
A quoi sert d'être gai, quand on fait la satire?
Percez jusques au sang un ennemi mutin,
Faites-lui de Lycambe éprouver le destin;
Imitez Palissot : tout cède à ses morsures;
Tous ceux qu'il a frappés sont morts de leurs blessures.
De la philosophie ardent persécuteur,
De la philosophie insipide flatteur,
Il insulta Jean-Jacque, et, devant Roberspierre (8),
Il insulta l'église et les autels de Pierre.
De la philosophie il blâmait les écarts,
Sur la confession il lança des brocards.

Mais de caméléon le rôle est si commode :
Palissot a du goût, il veut être à la mode.

LAHARPE (9), dont le nom est par-tout si vanté,
Laharpe, dont l'esprit tient le monde enchanté,
A laissé voir du moins plus de persévérance.
Avant que le château qui pesait sur la France,
Que l'affreuse Bastille eût tombé sous nos coups,
Laharpe, philosophe, armé d'un saint courroux,
Fit l'Ombre de Duclos, écrivit Mélanie ;
Défenseur de Voltaire, ou plutôt du génie,
Par-tout il opposa, dans ses heureux travaux,
L'arme de l'ironie à l'arme des dévots.
Mais à tous ses écrits, à ses moindres ouvrages,
Monsieur de Saint-Papoul refusait ses suffrages.
Monsieur de Saint-Papoul est un digne prélat
Qui convertit le monde et ne fait point d'éclat.
Laharpe lui doit tout. A ses leçons fidèle,
Laharpe est du bercail devenu le modèle.
Depuis que ce prélat a dessillé ses yeux,
Et que, pour conquérir le royaume des cieux,
De la philosophie il ne suit plus les traces,
Voyez comme son style est dicté par les Grâces !
Il n'a plus fait de vers; mais sa prose ! est-il rien
Plus digne d'un auteur grand théologien ?
Et lorsque des dévots il fait l'apologie,
Dans ses expressions, quel feu ! quelle magie !
Il parle de la grace en rival d'Augustin,
Et s'élève au-dessus du grand Thomas d'Aquin.

Comme il va récitant, au lever de l'aurore,
Ce qu'il a fait jadis, ce qu'il refait encore;
Et son Cours Littéraire, et ses épais lambeaux
De la Jérusalem, qu'il donne pour nouveaux !
Quelques mauvais plaisans, voyez quelle injustice !
Le font monter au Pinde à grands pas d'écrevisse.
Laharpe, disent-ils, a bien dégénéré :
Moi, je soutiens, messieurs, qu'il est régénéré,
Et que ce grand auteur, nouveau catéchumène,
Dépouillé tout-à-coup de la faiblesse humaine,
S'est assis sur le Pinde en vrai triomphateur ;
Qu'il est de l'Hélicon le seul législateur,
Qu'il grandit chaque jour, qu'il est, quoi qu'on en dise,
Un Longin, un Horace, un père de l'église,
Et que le saint prélat, le grand convertisseur,
De l'immortalité le rendra possesseur.

Faut-il louer encor Rivarol et Delille !
Mon cher comte, salut ! salut, abbé Virgile !
Vous souvient-il du tems où, chers aux beaux-esprits,
Tous deux vous polissiez d'ingénieux écrits !
Les Jardins, chez Bleuét, venaient-ils de paraître,
Le Navet et le Chou (10) ne tardaient point à naître.
L'un de l'autre ennemis, l'un de l'autre rivaux,
Vous cherchiez à briller par vos divers travaux.
Cependant, fatigués de planer dans les nues,
Vous laissez reposer vos lyres détendues.
Que dis-je ? Rivarol n'a-t-il pas, depuis peu,
Fait un livre sublime en l'honneur du bon Dieu (11),

Et le long prospectus d'un long dictionnaire
Où n'entre pas un mot révolutionnaire?
Delille, plus adroit, à Londres retiré,
Par le dieu du commerce avec fruit inspiré,
Redonnant aux Anglais ses œuvres surannées,
N'a-t-il pas des ladys empoché les guinées?
Il promet l'Enéide, où règnent tant d'appas;
Il promet, il promet : que ne promet-il pas?
Tout Virgile traduit, tout Pope, tout Homère :
Sa réputation n'aura rien d'éphémère.
Delille et Rivarol, grands-hommes, s'il en fut,
Suivent les mêmes loix, tendent au même but.
De leur rare talent qu'un faquin se défie :
Ils sont les ennemis de la philosophie,
Et l'anti-philosophe a toutes les vertus.

PAR la philosophie, aux mortels corrompus,
Du bonheur véritable on peut montrer la route ;
On y marche, en tremblant, à la lueur du doute,
Et sur ses passions on apprend à règner.
Tout ce qu'on juge honnête, on aime à l'enseigner.
Mais ces messieurs l'ont dit : Non, jamais avec gloire
Un philosophe n'entre au temple de mémoire.
Témoins le plat Voltaire et le plat Cicéron,
Et le plat gouverneur du barbare Néron ;
Témoins Helvétius, d'Alembert et Jean-Jacques :
Tous gens déshonorés qui n'ont pas fait leurs pâques.
De monsieur de Moustier faut-il louer l'esprit?
Ah ! que ne puis-je écrire aussi bien qu'il écrit !

Vous liriez ma Satire, et la prôneriez même.
Immortels détracteurs du siècle dix-huitième,
Je serais à vos yeux le Poète du jour.

QUAND de Moustier naquit, les Muses et l'Amour
Sur sa bouche enfantine exprimèrent des roses :
Son style n'est que miel, n'est que fleurs demi-closes.
Comme son doux encens chatouille l'odorat !
Il égale Voltaire, il surpasse Dorat.

IL est riche de mots et vide un peu d'idées :
Ses grâces, trop souvent, sont des grâces fardées,
Et l'Art, sans la Nature, a taillé ses pinceaux.
A Natalis Comès, il a dû ses tableaux ;
Et piller Natalis n'est pas fort exemplaire.
Oui, mais il est dévot, peut-il manquer de plaire ?

PARLERAI-JE à présent de Colnet (12) l'éditeur ?
Ce Monsieur qui pérore et n'a point d'auditeur,
Vient de mêler son fiel aux ondes du Permesse.
D'écraser l'Institut il nous fait la promesse.
Il fait, par le Portique, assiéger Thélusson,
Et croit donner au monde une grande leçon.
Un soudart de Condé qu'on paie à tant la phrase,
Cavalier qui jamais n'a monté sur Pégase (13),
Suit les pas de Colnet déjà mis en oubli,
Et pousse, en galoppant, à Voltaire, à Mabli.

EH ! mes chers Editeurs, quelle est votre manie ?
L'âge qui va mourir vous paraît sans génie,

Sans vertu, sans morale; et dans tous vos portraits,
A la Philosophie imputant ses forfaits,
D'un voile injurieux vos mains avec colère
Chargent le front vieilli de ce roi séculaire.

Le Toulousain Fonvielle (14), en dépit des neuf Sœurs,
Insulte, à votre exemple, aux sublimes penseurs;
Et votre général, l'invincible Pinière,
Lance au lion mourant la ruade dernière.

Imberbes agresseurs, de rage tout gonflés,
Petits auteurs sifflans, quoique toujours sifflés,
Parlez. Est-ce Voltaire, est-ce le bon Panage (15),
Qui furent les auteurs des crimes de notre âge ?
Serait-ce Helvétius, le sage de Voré,
Par sa philantropie en tout tems dévoré ?
Fontenelle, enfermé dans sa robe-de-chambre,
Ruminait-il jadis les meurtres de Septembre ?
Meurtres qu'il faut maudire et non pas rappeler,
Meurtres que vos tableaux semblent renouveler,
Meurtres que je déteste, et qu'avec politesse
Votre Muse se plaît à me peindre sans cesse !
Peut-être quelquefois vous avez lu Raynal :
Est-ce lui qui créa cet affreux tribunal
Où périt Lavoisier, où des bourreaux superbes
Osèrent à la mort envoyer Malesherbes;
Où mon ami Rabaut, où Roucher, mon ami,
Ne furent point, hélas ! égorgés à demi;

Où le doux Beauharnais, que je regrette encore,
Avec tant de douceur vit sa dernière aurore ?
Est-ce le bon Rousseau, Rousseau le Genevois,
Qui d'un noir jacobin fit entendre la voix,
Et qui, déshonorant son nom et la tribune,
Dénonça la vertu, proscrivit l'infortune ?
Et la loi des suspects, abhorrée en tout lieu,
Y reconnaissez-vous l'esprit de Montesquieu ?
Le fils du grand Buffon, qu'eût tant pleuré sa mère,
A-t-il dû son trépas aux écrits de son père ?
Et le baron d'Holbach (16) s'est-il jamais assis
A côté du baron Cloots Anacharsis ?
Serait-ce à Diderot qu'on a dû les noyades ?
Faut-il sur d'Alembert jeter les fusillades ?
Payne (17) à l'ordre du jour a-t-il mis la terreur ?
Le sage Condillac a-t-il prêché l'erreur ?
D'Argens a-t-il prêché l'affreuse olygarchie,
Boulanger l'ignorance, et Fréret l'anarchie ?

Vous insultez Lalande et Silvain Maréchal (18) :
Que leur reprochez-vous ? Donnent-ils le signal
De la rebellion, de la guerre civile ?
L'un, paisible en ses mœurs et sage dans son style,
Des flambeaux de l'éther sublime observateur,
A tout vu dans les cieux, hormis le créateur ;
Mais il a des vertus dignes d'être citées.
L'autre a mis Fénélon au nombre des athées :
Sont-ils si criminels ? Je suis faible d'esprit ;
Le nom de l'Eternel à mes yeux est écrit

Dans ces globes de feu qui brillent sur nos têtes;
Il me parle, il m'instruit par la voix des tempêtes;
Dans mon cœur je le sens, par mon cœur je le vois.
Mais vous, de l'univers connaissez-vous les lois?
Découvrez-vous d'un Dieu les signes manifestes,
Dans le pompeux amas des systèmes célestes?
A vos regards enfin Dieu s'est-il dévoilé?
Sur le sommet brillant de son trône étoilé,
L'avez-vous apperçu tenant en main la foudre?
Eh! lorsqu'il faut douter, pourquoi toujours résoudre,
Et ne pas préférer, lorsqu'il s'agit d'un Dieu,
L'opinion de Bayle à celle de Jurieu?
Bayle fut tolérant, Jurieu, prêtre farouche,
N'eut jamais que le fiel et l'injure à la bouche.
Vous êtes des Jurieux : ardens persécuteurs,
Vous savez peu de chose et parlez en docteurs.
Au Dieu que nous croyons avec persévérance,
Ainsi que moi, messieurs, offrez votre ignorance.
L'évangile l'a dit : ce livre tout divin
A mon sensible cœur ne parle point en vain;
La morale qu'il prêche à l'homme est salutaire.

JE ne veux point lancer à la femme adultère
La pierre qui sur moi peut retomber un jour;
Je pardonne à l'erreur : sachez, à votre tour,
Faire de ces leçons l'utile apprentissage;
Tolérez, pardonnez, c'est la vertu du sage.

QU'AU fond de son village un pauvre homme ignoré,
Qui, pour législateur, a choisi son curé,

Qui rend le pain-bénit, qui jeûne le carême,
Qui s'abstient de la chair dans les quatre-tems même,
Et qui, dans un revers qu'il n'a point mérité,
Implore l'Eternel avec simplicité;
Que cet homme, au bruit sourd d'une crise alarmante,
Des révolutions maudisse la tourmente;
Sur la chûte du trône, et du culte, et des mœurs,
Que tout haut il gémisse et qu'il verse des pleurs,
Au lieu de le blâmer, j'honore sa faiblesse;
D'insulter au malheur je n'ai point la bassesse.

MAIS vous sied-il à vous, Pétrones clandestins,
Vous qui fûtes jadis d'effrontés libertins,
Vous sied-il de vanter les mœurs et la décence!
Est-ce à l'hypocrisie à chanter l'innocence,
A venir nous prêcher, dans de pieux sermons,
L'amour de la vertu, la crainte des démons!
Quel est l'heureux triomphe où votre espoir se fonde!
N'est-ce donc pas assez, pour endormir le monde,
Des longs vers ennuyeux, nés de vos longs travaux!
Faut-il nous accabler sous le poids des pavots!
Vous entendez la messe et la servez peut-être;
Vous rendez votre hommage à l'autel du Grand-Etre;
Mais la volupté sale a pour vous mille attraits,
Et vous allez souvent où je ne vais jamais.

SÉVÈRES pour autrui, pour vous pleins d'indulgence,
Votre dévotion est sœur de la vengeance,
Et vos benins soupirs sont des cris de fureur.
Ne pouvant sur nos fronts renvoyer la terreur,

Dont le règne sanglant, né parmi les alarmes,
Nous coûta plus qu'à vous de sanglots et de larmes,
D'un cruel Monsignor vous adoptez les mœurs,
Et semant contre nous d'hypocrites rumeurs,
Fâchés qu'on nous écoute, et fâchés qu'on nous lise,
Vous nous assassinez au sortir de l'église.
Ne pardonnant pas même au prêtre citoyen
Qui s'impose la loi d'un pudique lien,
Par-tout vous exaltez les préjugés de Rome :
Cournand devient époux ! il n'est plus honnête-homme.
Et, Tartuffes nouveaux, avec impunité,
Vous chargez de brouillards l'auguste vérité.
Mais le tems est venu de vous faire connaitre.
J'ai déjà démasqué ce Gilbert, votre maître ;
Ce Gilbert qui vécut, mystique fanfaron,
Du pain de l'archevêque (19) et du vin de Fréron ;
Ce Gilbert, quoique athée, apôtre de l'église ;
Ce Gilbert que l'on prône autant qu'on le méprise.
CE Gilbert toutefois, dont j'esquisse les traits,
A force de travail, fit quelques bons portraits :
De ses vers martelés, que l'on admire encore,
Un anti-philosophe avec goût se décore,
Et pénètre par eux dans le palais des rois.
Mais vous, qu'avez-vous fait ? Mais vous, quels sont vos droits ?
De Camille Jordan imitateurs serviles,
Vous allez dans les champs, vous allez dans les villes,
Crier que l'univers sans la messe est perdu.
Sonnez-la, dites-vous à ce rustre éperdu

Qui vers l'église marche escorté de ses proches ;
Et pour faire du bruit, vous invoquez les cloches.

LORMIAN quelquefois décoche un vers plaisant ;
Despaze est plus sévère, il est moins amusant :
De nos mauvaises mœurs lorsqu'il peint les ravages,
D'un fiel misantropique il inonde ses pages,
Et paraît tout armé du fouet de Juvénal.
Lormian, dans son style, est moins original ;
Il attaque les sots, et Despaze le vice :
L'un a plus de vigueur, l'autre plus de malice.
Mais vous qui de Colnet empruntez le manteau,
Et qui gardez pour nuire un lâche incognito,
La calomnie est là qui vous dicte vos rimes ;
Vous inventez des torts, vous supposez des crimes ;
La vertu, le talent, rien n'est sacré pour vous.
Tremblez ! ces premiers vers sont l'œuvre du courroux.
Mais je puis manier l'arme du ridicule,
Et pour l'hydre de Lerne être un nouvel Hercule.

FIN.

NOTES.

(1) *Les dards qu'il a lancés n'ont tombé que sur lui.*

Quoi qu'en dise M. Lormian, dans son *Premier Mot*, la satire de Chénier contre la Calomnie est une des meilleures qui aient paru dans ce siècle. Qu'est-ce d'ailleurs qui l'a fait naitre? Chénier n'avait encore dit de mal de personne : il se voit attaqué de toute part, il fallait bien répondre ; et, dans une sainte indignation, il a usé, comme doit le faire tout citoyen insulté, du droit de défense naturelle, et a prouvé qu'un homme de talent qui veut descendre jusqu'à la satire, répand malgré lui ce même talent dans tout ce qui sort de sa plume, et empreint de son génie les opuscules qu'il semble avoir jetés au hasard, et dont parmi ses ouvrages il parait faire le moins de cas.

(2) *Du nom de citoyen il veut que l'on s'honore.*

Andrieux a dit, dans une pièce de vers qu'il a lue à l'Institut :

Appelez-vous monsieur, et soyez citoyen.

Les messieurs, à qui le nom de citoyen est odieux, ont cru qu'il leur recommandait de s'appeler *citoyens*; et cependant Andrieux parait dire le contraire : mais la passion raisonne si peu !

(3) *François de Neufchâteau, dont j'aime le délire.*

François de Neufchâteau est auteur d'un Discours sur la

manière de lire les vers, qui a eu un grand nombre d'éditions. Et cependant, voyez comme cet estimable auteur est traité dans une satire de M. Pinières, intitulée *le Siècle*.

(4) Qui faut-il donc louer? Est-ce monsieur Pillet?

On attribue à M. Fabien-Pillet la revue des auteurs vivans, grands et petits. Plat libelle, qui annonce une ignorance profonde et la partialité la plus révoltante, quoique l'auteur s'y soit donné le titre d'impartial, s'il en fut. Ce Pillet a été long-tems employé au bureau central; et lorsqu'il a jugé les auteurs vivans, on voit qu'il a écouté aux portes.

(5) Faut-il louer Doigni, qui, chassé de la scène.

Ce monsieur Doigni s'appelait, il y a trente ans, *Doigni du Ponceau*. Il a composé, avant la révolution, quelques écrits qui annonçaient de la philosophie; entr'autres, un Éloge du chancelier de l'Hôpital, le Discours d'un Nègre à un Européen, l'Epitre à un homme de lettres célibataire, etc., tous ouvrages qui ont concouru pour le prix de l'Académie française, et qui ne l'ont pas obtenu. On a joué de lui une tragédie, intitulée *Antigone*, qui a eu deux représentations. Il avait fait recevoir aux Français, à force d'envoyer des bourriches aux comédiens, une *Marie Stuart* et plusieurs autres tragédies, qui n'ont jamais été et qui ne seront jamais représentées. Lorsque la révolution est arrivée, ce monsieur a renié ses ouvrages philosophiques. Il a coopéré de toutes ses forces à la réaction; il a calomnié les hommes vertueux qui, occupant des places sous le règne de la terreur, avaient employé leur crédit à lui sauver la vie; il a griffonné contre eux, dans la Quotidienne, des pages virulentes; il a maudit la liberté, l'égalité, et tous les grands principes de douceur, d'humanité et de sensibilité qu'ont adoptés les philosophes : c'est le véritable paillasse de Laharpe; il ne lui manque que d'avoir communié par les mains de M. l'évêque de Saint-Papoul.

(6) Faut-il louer Campagne, écrivain renommé.

Ce monsieur Campagne, surnommé *Victor*, est un auteur bien plaisant. Il a fait une tragédie de Caton d'Utique, qu'aucun directeur de théâtre n'a voulu faire représenter, et des satires sans nombre dont personne ne s'est fâché. Cependant, comme il faut percer dans le monde, sur-tout lorsqu'on est auteur de satires, il les fait afficher depuis peu sur tous les murs de Paris, et tout le monde passe en disant : le pauvre homme! Il n'y a que Lormian qui les ait lues en entier, et qui ait daigné en parler.

(7) Fantin des Odoarts, historien célèbre.

L'abbé Fantin des Odoarts, ou des Odoarts Fantin, me rappelle un *Fantin* dont Voltaire s'est moqué. Cet abbé est digne en tout de son homonime, ou peut-être de son parent : c'est le plus grand ennemi de la philosophie qui ait paru depuis la révolution, et en même-tems l'homme le plus modeste. Il donne pour titre à l'une de ses mille et une histoires de la révolution française : *Suite de l'abrégé chronologique du président Hénault*.

(8) Il insulta Jean-Jacque; et, devant Roberspierre.

Après avoir fait la comédie des *Philosophes*, celle du

Cercle, ou *les Originaux*, et plusieurs autres ouvrages, où Jean-Jacques, Diderot, et tant d'autres philosophes immortels, étaient insultés et traînés dans la boue, Palissot a eu, non pas des remords, mais de la honte; et lorsque la révolution est arrivée, il a lu aux jacobins, devant Roberspierre, une satire contre la confession, qui depuis a été répandue avec profusion dans toute la république, par les soins d'un membre du directoire. Si Palissot n'eût jamais fait que des ouvrages semblables, tout le monde l'aurait applaudi; mais malheureusement les jacobins se rappelèrent que Palissot avait fait les *Philosophes*, la *Dunciade*, etc.; et sa diatribe contre la confession, qui d'ailleurs est très-philosophique, fut généralement huée et conspuée. Ce n'était point à l'ouvrage qu'on en voulait, mais à l'auteur; sa fausseté révolta tout le monde. Palissot revenant à son premier vomissement, a donné depuis une nouvelle édition de la Dunciade, où quelques philosophes de la révolution sont traités comme des monstres : peut-être que, dans quelque édition subséquente, il réparera ses torts. C'est une belle chose que d'avoir du caractère!

(9) Laharpe, dont le nom est par-tout si vanté.

Y a-t-il rien au monde de plus bizarre que la destinée de Laharpe? Lorsqu'il a failli être mis à la Bastille pour avoir fait, dans le Mercure, l'extrait d'une brochure attribuée à Voltaire, et intitulée : *Diatribe à l'auteur des Ephémérides*; lorsqu'il enlevait presque tous les prix de l'Académie française par l'esprit philosophique qu'il tâchait de répandre dans ses ouvrages; lorsqu'il faisait sa cour à Voltaire et à d'Alembert, tous les dévots étaient contre lui.

Fréron, Gilbert, Clément, et plusieurs autres hommes de cette trempe, l'avaient choisi pour point de mire dans tous leurs journaux, dans toutes leurs satires, dans tous leurs pamphlets éphémères. La révolution arrive : Laharpe abjure la philosophie, il fait amende-honorable au Créateur; et ces mêmes dévots qui le détestaient, l'élèvent jusqu'aux nues et le prônent par-tout comme le législateur du Parnasse. Qu'a-t-il fait cependant depuis la révolution? Rien que ce qu'il avait fait avant. Son Cours de Littérature est antique : il l'avait composé presqu'en entier il y a environ quinze ans; et ses fragmens de traduction de la Jérusalem délivrée, qu'il lit avec tant d'appareil dans ses séances publiques, je les connais depuis vingt années. Que cet homme est un exemple frappant du danger que l'on court à s'écarter des sentiers de la philosophie! Il a composé, à la vérité, depuis la révolution, quelques pamphlets politiques et religieux, entr'autres une brochure, intitulée : *Du fanatisme dans la langue révolutionnaire;* brochure dont le titre seul est une énigme. Il a eu des querelles avec Chénier sur la liberté de la presse; mais Chénier, quoiqu'il eût à peine trente ans, a battu le vieux athlète; et, depuis que la république des lettres existe en France, je ne crois pas qu'il ait paru un ouvrage plus plat, plus absurde et plus ridicule que la brochure, depuis long-tems oubliée, que nous venons de citer.

Laharpe est un homme éteint qui aurait pu briller encore de quelque éclat, s'il était resté fidèle aux vrais principes.

(10) *Le Navet et le Chou ne tardaient point à naître.*

Le Navet et le Chou est une charmante satire qui parut peu de tems après le poëme des Jardins. On l'a d'abord attribuée à Barruel-Bauvert; mais tout le monde sait à présent qu'elle est de Rivarol l'aîné.

(11) Fait un livre sublime en l'honneur du Bon-Dieu.

Personne n'ignore que M. de Rivarol nous a envoyé de Hambourg un livre terrible contre la philosophie, livre que tous nos jeunes capucins n'ont pas manqué d'élever jusqu'aux nues; livre assez bien écrit à la vérité (M. de Rivarol ne peut pas mal écrire), mais digne d'un moine du quinzième siècle ou d'un confesseur de Mesdames de France; livre ascétique, en un mot, et qui pourrait faire canoniser un jour M. de Rivarol, si la mode des canonisations n'était pas un peu passée. Ce livre, au surplus, a été victorieusement réfuté par Rœderer, dans le journal d'économie politique, et la Décade philosophique a bien fait de s'enrichir de la réfutation de Rœderer.

(12) Parlerai-je à présent de Colnet, l'éditeur?

Lorsque la satire intitulée la Fin du 18ᵉ Siècle, et la Guerre des Petits-Dieux, ou le siége du lycée Thélusson par le Portique républicain, parurent, on les attribua à un nommé Colnet.

(13) Cavalier qui jamais n'a monté sur Pégase.

Allusion à un livre intitulé: *De l'influence de la philosophie sur les forfaits de la révolution, par un officier de cavalerie.* Ce titre seul est un forfait dont les auteurs de la Décade philosophique n'ont pas tardé à faire justice.

(14) *Le Toulousain Fonvielle, en dépit des neuf Sœurs.*

Messieurs Fonvielle et Pinières ont fait, à qui mieux mieux, des satires contre la fin du siècle; comme ils sont tous deux de la même force, je les accolle ici dans la même note: *Qui Bavium non odit, amet tua carmina Mœvi.*

(15) *Est-ce le bon Panage ?*

Toussaint, auteur des Mœurs, fut surnommé le capucin Panage, apparemment parce qu'il avait commencé par faire des hymnes à la louange du diacre Pâris.

(16) *Et le baron d'Holbach s'est-il jamais assis.*

Il est actuellement démontré que le baron d'Holbach est auteur du *Système de la nature*, du *Catéchisme de la nature, ou élémens de morale universelle*, et de plusieurs autres ouvrages philosophiques. Anacharsis Cloots a publié aussi, avant la révolution, quelques ouvrages philosophiques très-estimables, entr'autres la *Certitude des preuves du Mahométisme*, l'un des plus terribles et des plus concluans qu'on ait jamais écrits contre les religions en général; et si le baron de Cloots en fût demeuré là, il aurait pu s'asseoir en toute sûreté à côté du vertueux baron d'Holbach. Mais, depuis la révolution, Anacharsis Cloots a tellement gâté sa gloire philosophique, qu'à peine est-il permis à un philosophe de prononcer son nom. C'est lui qui a inventé l'horrible mot de *septembriser*, et qui s'en est applaudi; c'est lui qui s'est plaint ouvertement de ce qu'on n'avait pas septembrisé assez de prêtres, et qui disait qu'il fallait tous les exterminer. Nous sommes loin d'adopter des opinions aussi atroces; nous souhaitons la conversion et non la mort du pécheur : jamais un homme cruel, jamais un dénonciateur n'a été mis par nous au rang des philosophes, et nous rougirions de porter ce nom glorieux, s'il avait fallu, pour l'obtenir, qu'une seule goutte de sang eût été versée par notre faute.

(17) Payne à l'ordre du jour a-t-il mis la terreur ?

Thomas Payne, auteur des Droits de l'homme et de plusieurs autres ouvrages patriotiques, est un des plus grands philosophes de ce siècle. Bien loin de servir la terreur, il en a été la victime : il était en prison lorsque Roberspierre régnait. Honneur au vertueux Bonneville, qui a recueilli dans sa maison cet étranger aussi éclairé que vertueux.

(18) Vous insultez Lalande et Silvain Maréchal.

On reproche à Lalande son athéisme, et je ne connais pas un meilleur homme que lui, je n'en connais pas de plus obligeant. Silvain Maréchal est à-peu-près du même caractère. Celui-ci, homme-de-lettres distingué, s'intéresse véritablement aux progrès des lettres, et l'autre ne s'intéresse pas moins aux progrès des sciences et de l'astronomie. Oh ! combien il serait heureux que tous les dévots leur ressemblassent !

(19) Du pain de l'archevêque et du vin de Fréron.

J'ai entendu dire à Laharpe, avant sa conversion, quelques mots qui ne laissaient pas que d'être plaisans, entr'autres celui-ci. On faisait un jour devant lui l'éloge de

Gilbert : Ne me parlez point de cet homme, s'écria-t-il ; c'est un hypocrite qui est au pain de l'archevêque et au vin de Fréron. Ce mot était parfaitement vrai ; Gilbert était pensionné par l'archevêque de Paris, et trois ou quatre fois la semaine il allait s'enivrer chez l'auteur de l'Année littéraire. Je me suis emparé de ce mot, mais je le rends à son auteur : Rendez à César ce qui est à César.

FIN DES NOTES.

www.ingramcontent.com/pod-product-compliance
Lightning Source LLC
Chambersburg PA
CBHW060707050426
42451CB00010B/1310